NOTICE

SUR

CH.-AUG. SANDOZ

« Une famille est une patrie dans la patrie. »
É. DE GIRARDIN.

« Chaque famille est une histoire et même un poème pour qui sait la feuilleter. »
LAMARTINE. (*Graziella.*)

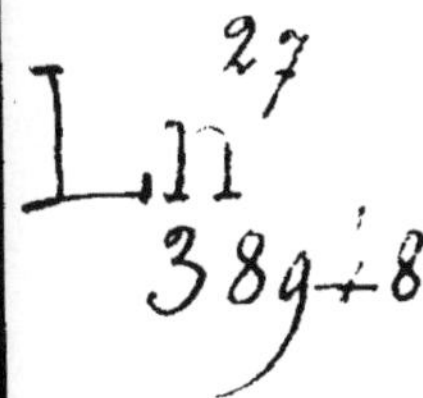

CHARLES-AUGUSTE

SANDOZ

NOTICE

PAR

ÉMILE CÜPER

PARIS
IMPRIMERIE QUANTIN
7, RUE SAINT-BENOIT, 7
1883

Sœpè tibi pater est,
Sœpè legendus avus.
Ovid (Fast., lib. I.)

A Roger Sandoz

C'est à toi, mon jeune ami, oui, à toi, que je dédie cet écrit. Tu comprendras pourquoi de bonne heure, si ce n'est déjà fait, et tu me sauras gré d'avoir peut-être contribué, pour une faible part, à encourager et fortifier les qualités qui te sont héréditaires, l'amour du travail, le respect du nom, la rectitude de la vie et le culte de la famille.

E. C.

« Le rang n'est que l'effigie de la guinée : c'est l'homme qui en est l'or, après tout. »

(Robert Burns.)

Je *pourrais aisément, sans être taxé d'excès d'originalité, intituler cet avant-propos* un Triple anniversaire. *Que le lecteur juge.*

C'était un soir d'octobre 1871, le 27. J'étais, sinon jeune, du moins nouvellement marié, et de plus, je l'avoue, par inclination. L'union avait été ra-

pide, la corbeille simple, — digne des temps sages de l'antique bourgeoisie, — je m'étais borné à l'utile, réservant l'agréable (contrairement à cette habitude de tout acheter en bloc sans consulter la principale personne intéressée). J'errais — non seul, vous l'avez deviné — sous les galeries du Palais-Royal. Les bijoux y semblent bien beaux aux douces clartés de la lune de miel!... Nous ne tardons pas à entrer chez un joaillier. Un magasin, du reste, avait déjà attiré notre attention : à la vitrine brillait une montre de cristal, une merveille dont je connaissais la légende. Nous franchissons le seuil. J'entre aussitôt en affaire. Le bon accueil, l'urbanité, m'y ramenèrent fréquemment. Communicatif par nature, je causai de tout, voire de moi-même, je racontai notamment certaine particu-

larité que je révélerai tout à l'heure... Bref, de ces entretiens naquirent un attrait et une sympathie réciproques qui ne firent que se développer.

Telle fut l'origine de mes relations avec M. Gustave Sandoz. De client je devins familier de la maison, et, de degré en degré, j'ai pris une telle place parmi ses amis, que ce sont les plus anciens eux-mêmes, mes aînés dans son intimité, qui m'ont suggéré l'idée de ce travail.

En répondant à leur désir, je déclare que je n'ai point la prétention de faire ici un livre; je me bornerai à écrire quelques pages simples et modestes comme celui à qui elles sont consacrées. Toutefois, j'espère qu'elles ne seront point sans intérêt pour l'entourage discret et indulgent auquel elles sont presque exclusivement destinées, puis-

qu'elles offriront une esquisse, incomplète sans doute, mais fidèle, d'une vie qui fut si pleine sous tant de rapports. Je regrette que ce sujet n'ait point été traité par une plume plus autorisée; mais, tout en confessant mon impuissance, je me félicite de pouvoir rendre un faible hommage à une mémoire vénérée.

La biographie, qu'on a appelée quelquefois « l'œil de l'histoire », est certainement pour elle un puissant auxiliaire, au point de vue général; elle l'éclaire, la guide dans le champ des documents accumulés par le temps; elle épure et souvent redresse les matériaux qui lui sont confiés. Mais elle offre encore un avantage, trop méconnu, au point de vue privé. Elle n'est pas, comme la généalogie, la nomenclature sèche et aride de l'origine et de la filiation; elle donne, en entier, les archives et les annales d'une maison ; *elle est la tradition, l'encouragement, l'exemple; elle constitue enfin une utilité morale, d'un prix inestimable, pour les familles.*

La plupart négligent ce précieux et fécond enseignement sous le prétexte spécieux que ce genre de recueil ne doit embrasser que des hauts faits et des actes extraordinaires. C'est une erreur.

« *Il y en a, disait un écrivain*[1] *en 1847, qui croient qu'une vie n'a d'importance que lorsqu'elle a été illustrée par des dignités, des œuvres de génie ou de grandes actions, et ne nous accorderaient point qu'il y ait une illustration à la portée de tous, celle de la vertu et d'une haute moralité. Ils ne se doutent*

1. Charles Eynard (*Lucques et les Burlamacchi*).

pas de l'intérêt qui peut s'attacher à une carrière modeste employée à accomplir sa tâche et à correspondre aux desseins de la Providence. Quant à nous, l'homme qui a parcouru victorieusement cette carrière, horloger ou magistrat, prince ou prolétaire, nous paraît toujours digne de mémoire, et nous estimons que son nom et sa vie méritent d'être transmis à ses descendants. »

J'ai toujours gardé souvenir de ces paroles, qu'un hasard a mis entre mes mains il y a une trentaine d'années. J'avais été frappé, dès cette époque, du cachet de bon sens et de modernité qu'elles portent ; je les avais recueillies et classées avec soin dans les extraits que j'ai l'habitude de faire de toutes mes lectures. Je suis doublement heureux de les mettre en lumière, car je par-

tage entièrement l'opinion de l'auteur, et c'est dans cet esprit que j'ai entrepris cette notice sur M. Ch.-A. Sandoz, qui, pouvant se targuer d'une origine illustre[1] *qui autorisait des aspirations plus hautes, a tenu résolument à ne pas exercer d'autre profession que celle léguée directement par son père. Il m'a été permis de le connaître et de l'apprécier, durant ces dix dernières années, et avec d'autant plus de facilité qu'il se plaisait à me donner, en toute circonstance, les témoignages les plus flatteurs de son estime et de son affection. C'est qu'en effet il y avait entre nous un lien secret particulier ; en dehors de l'homme privé, il voyait en moi le rejeton d'une antique famille d'horlogers, véritable dynastie industrielle près de*

1. Voir l'Introduction.

quatre fois séculaire, rejeton infidèle, il est vrai, à son passé, mais pour lequel il était cependant plein d'indulgence, et, pour lui, si épris de son art, c'était encore un titre à sa considération.

J'acquitte donc volontiers une dette de reconnaissance.

On me rendra cette justice, c'est que je n'aurai rien exagéré, que je serai resté plutôt au-dessous de la vérité, et qu'en tout cas je n'aurai rien dit que d'exact.

INTRODUCTION

INTRODUCTION

LA famille Sandoz est sans contredit une des plus anciennes de la Suisse, et la petite ville du Locle lui doit en partie son origine.

Dès les temps les plus reculés, on la voit occuper dignement le premier rang dans la bourgeoisie fière et puissante de ce vaillant petit peuple, qui avait déjà conquis ses libertés alors que les autres grandes nations de l'Europe étaient encore soumises au régime féodal.

En effet, il est fait mention des Sandoz dans

un acte de Neuchâtel datant de 1353 et dans des chartes accordées aux bourgeois de Valengin en 1378, 1382 et 1393. En outre, ils possèdent deux actes de bourgeoisie qui leur furent accordés : l'un, le 8 juillet 1508, par Claude, comte d'Arberg, baron et seigneur de Valengin et Boffremont; l'autre, le 9 août 1686, par Abram Fabvre, conseiller juré de Valengin.

L'acte de bourgeoisie, datant de 1508, ne concerne que Jehan Sandoz; il lui fut accordé moyennant *60 livres petite monnoye courante en les terres de Valengin* données au seigneur, et 20 livres données pour ses épingles à sa femme qui les *a hęu et receu comme elle l'a confessé.*

Le 2e *acte de franchyse*, celui de 1686, s'adresse à toute la famille des Sandoz représentée par son directeur, *Honnorable et prudent sieur Isaac Sandoz, Justicier du Locle.*

Les Sandoz, toutefois, ne sont pas primitivement originaires de l'Helvétie, mais de Dôle en Franche-Comté, et tout porte à croire qu'une des branches, restée dans ce pays, ne vint s'établir en Suisse, à côté des autres, qu'au moment des persécutions exercées en France contre les protestants.

Comme toutes les anciennes familles bourgeoises de ce pays, les Sandoz ont leurs armoiries; ce sont : *Deux mains jointes ensemble au-dessus d'un brasier, le tout surmonté d'un casque.*

En voici, d'ailleurs, la description tirée des *lettres d'origine* accordées à David Sandoz, arrière-grand-père de Charles-Auguste Sandoz :

Ensuitte du blason, au champ d'azur, deux mains d'argent jointes ensemble, qui représente la foy, le brasier ou flames d'or, et deux pointes de diamant de mesme.

Au-dessous l'on voit écrit : *C'est l'effect de la patience et du véritable amour.*

Ils étaient donc bourgeois du Locle et de Valengin, titre qui, à cette époque, dans le canton de Neuchâtel, équivalait à la noblesse[1].

1. Louis XI s'honora du titre de *bourgeois* de Berne, dont il avait reçu des lettres.

Il existe encore, au Locle, une ancienne demeure, bien conservée et de fort belle apparence, que les gens du pays appellent, par tradition, *la maison des Sandoz*, sur la façade de laquelle on voit, finement sculptées dans la pierre, les armes de la famille, avec cette devise : *Sine dolo — Sans dol,* par contraction, *Sandol,* nom qui a dû être à l'origine celui de la famille, puisqu'on le retrouve tel dans des actes du siècle dernier, et qui, vraisemblablement, par une altération fréquente de la lettre finale dans le paraphe de la signature, est devenu *Sandolz,* puis *Sandos* et définitivement *Sandoz*.

Le premier Sandoz dont il soit fait mention, et dont on puisse suivre sûrement la filiation, se nomme, en effet, *Jaques Sandol;* il vivait en 1460. Ce n'est qu'au siècle dernier qu'un Sandoz de Neuchâtel et un autre *de Sandoz-Roy* tentèrent de rétablir l'orthographe première du nom patronymique, mais sans y réussir entièrement : c'est ainsi que le père de Charles-Auguste signait *Sandoz* et son oncle *Sandol*.

Actuellement, une seule branche peut légalement porter le nom de *Sandol,* consacré par un privilège spécial; c'est celle des *de Sandol-Roy*, anoblie, en 1659, par Henri d'Orléans.

Jaques Sandol eut quatre fils, qui sont la souche de toutes les branches des Sandoz. L'aîné, Jean, est le seul dont on connaisse la descendance.

Les sept fils qu'il eut de Suzanne Robert vécurent d'abord ensemble en conservant leurs biens en commun, sachant : « que leur union estoit un des moyens les plus propres à progresser; mus par une maxime si sage, ils vécurent longtemps dans une communion parfaite. — Obligés de se séparer, leur ménage étant devenu trop nombreux pour le continuer sous un même toit, ils furent nécessités de faire partage de leurs biens; mais, conservant cette amitié, cette liaison qui les avoit unis si intimement, ils en laissèrent une partie indivise, qui, dans la suite, fut appelée *Communet des Sandoz*, pour servir aux besoins de leur postérité sous la direction des plus notables de leur famille[1]. »

1. Extrait du *Règlement de famille* des Sandoz, du 18 août 1752.

Ce fonds, sagement dirigé, n'a fait que prospérer et s'élève maintenant à une somme assez forte, dont les intérêts sont destinés à venir en aide aux nécessiteux de la grande famille qui comprend les Sandoz, les de Sandoz, les Sandol et les de Sandol.

La famille Sandoz a donné naissance à bon nombre d'illustrations.

Ainsi la branche aînée, comme nous l'avons constaté plus haut, a été anoblie, en 1659, par Henri d'Orléans, en la personne de Jean-Jacques de Sandoz, arrière-petit-fils de Jaques Sandolz qui vivait vers 1460 et est la souche des nombreuses branches de cette famille.

Dans la descendance de Jean-Jacques, qui s'éteint en 1862, on cite des conseillers d'État; des seigneurs de Travers, de Thielle, pasteurs de Valengin; beaucoup d'officiers : Henri de Sandoz de Noiraigue, officier général en Italie; François, son père, colonel commandant de Reggio pour le compte de l'Espagne; Frédéric de Sandoz, son cousin, lieutenant-colonel en France. Mais le plus illustre des représentants de cette branche est le baron David-Alphonse de Sandoz-Rollin, grand-croix de l'Aigle noir, ministre plénipotentiaire de Prusse à Paris de 1796 à 1801.

Parmi les personnages remarquables des autres branches de la famille, il faut compter le colonel Henri de Sandoz, anobli par Louis XV, décoré, en outre, du Mérite militaire, et, plus tard, nommé chevalier de la Légion d'honneur par Louis XVIII ; son fils, nommé lieutenant et décoré à quatorze ans, à l'attaque de Nancy en 1790 ; le général hollandais François-Auguste Sandoz; Simon de Sandol-Roy, qui défendit Batavia contre les Anglais au moment où Napoléon s'emparait de la Hollande. Sous les ordres du général Simon de Sandol-Roy se trouvait, à Batavia, le capitaine Frédéric-Louis Sandoz, qui mourut lieutenant-colonel d'artillerie en 1811, à Samarang.

Frédéric-Louis Sandoz était l'oncle de Charles-Auguste Sandoz qui fait l'objet de cette biographie.

I

« La vraie vertu consiste surtout à vivre avec équité, force et sagesse. »

(Traité du vrai mérite, t. I, p. 69.)

« Il n'y a qu'un bonheur, le devoir; qu'une consolation, le travail; qu'une jouissance, le beau. »

PRINCESSE DE ROUMANIE.

« L'honneur est la poésie du devoir. »

ALFRED DE VIGNY

I

Charles-Auguste Sandoz, descendant d'une vieille famille d'horlogers suisses, naquit le 20 février 1800.

Ses parents, bien que peu favorisés sous le rapport de la fortune, jouissaient, parmi leurs concitoyens, d'une haute considération. L'austérité de mœurs dans laquelle ils vivaient contribua, sans nul doute, à faire naître dans l'âme du jeune Charles ces sentiments d'honneur et de fierté qu'il n'a jamais abandonnés durant son existence.

D'ordinaire, la vie d'un homme n'offre d'intérêt qu'au moment où l'âge et la raison lui donnent l'entière responsabilité de ses actes. Cela est surtout vrai pour les carrières que, par un singulier exclusivisme, on nomme improprement libérales [1], dont le choix se fait tard, et souvent à l'encontre des aptitudes natives. Mais il n'en est pas de même dans les professions industrielles, où le penchant naturel se développe vite et sert de boussole à l'éducation.

Tandis que, dans le premier cas, la

1. Ainsi nommées par ironie, dit malicieusement Edmond About (*Lettres à ma cousine Madeleine*), parce qu'elles donnent peu de liberté et peu d'argent.

vie des enfants se ressemble presque toujours, dans le second elle a déjà une physionomie propre; et le coup d'œil rétrospectif jeté sur les premières années, au lieu d'avoir simplement alors pour objet de projeter sur le berceau un reflet de la réputation dernière, présente des révélations et des détails qui ont déjà leur signification et leur importance, car ce sont des débuts qui donnent la clef de l'existence; c'est déjà la préface du drame sérieux de la vie.

Ainsi du jeune Charles-Auguste.

De bonne heure il manifesta un goût très prononcé pour tout ce qui touche à la mécanique. Puis on vit poindre en lui, avec une rare précocité, cet esprit de recherche et d'observation qui est le signe précurseur indubitable du génie de l'invention. Dès qu'il fut en mesure de manier quelques outils, son contentement n'eut pas de bornes. A l'âge où les autres enfants sont généralement gauches et maladroits, il faisait preuve d'une adresse exceptionnelle, et, doué déjà d'une réelle habileté de main, il construisait de petites machines qui faisaient l'admiration et l'étonnement de ses maîtres et de ses condisciples.

Sa carrière était donc toute tracée... celle de son père.

Pourtant, qui le croirait? cette vocation, qui doublement répondait si bien à ses goûts et à ses traditions, fut contrecarrée par un événement inattendu, la mort de son père. Cette fin prématurée lui enlevait son maître naturel, son meilleur éducateur, et sa mère, connaissant les luttes et les difficultés de la profession paternelle, et croyant devoir les lui épargner, le mit dans le commerce.

La pauvre veuve, au fond plus excusable que blâmable, n'avait écouté que ses appréhensions maternelles, sans se douter qu'elle pouvait faire à jamais le malheur de son fils en le frappant de stérilité. Il est, en effet, une heure solennelle et décisive où, tout en usant d'autorité, de conseils et d'influences légitimes, on doit donner, à propos et dans une juste mesure, la part de liberté qui convient à chaque nature d'enfant dans le choix d'une profession. C'est un grand art que de savoir en toutes choses initier un adolescent à l'usage de sa liberté. Pour avoir oublié ou méconnu ce principe, bien des parents voient avec peine leur fils, malgré des dons incontestables, souvent même des facultés brillantes, traîner une existence ennuyée et végéter, médiocres et sans succès, dans une carrière, parce qu'elle n'était pas leur voie. Nous naissons tous, effectivement, avec une vocation plus ou moins déterminée. Mais, quand elle est forte, inébranlable, bien arrêtée, qu'elle lutte avec persévérance, qu'elle brave les difficultés, qu'elle se manifeste, enfin, par des essais qui ne permettent plus de la révoquer en doute, alors il est dangereux de s'y opposer.

Or l'enfant était sérieux et susceptible d'une option juste et raisonnée.

Il obéit, ou plutôt se résigna, mais peu à peu sa nature réagit et prit le dessus, et, au bout d'une année, témoignant de cette énergie et de cette ténacité qui furent un des traits distinctifs de son caractère, il quitta brusquement le foyer domestique et s'en vint résolument droit à Paris, devenu désormais sa patrie d'adoption, chez un de ses oncles qui l'accueillit avec bonté. Cet oncle, horloger de mérite, habitait place Dauphine, dans la cité, cette vieille résidence des horlogers, qui se groupaient alors autour de Bréguet, dont la réputation était déjà dans tout son éclat.

Chaque corporation d'arts et métiers, chaque branche de commerce ou d'industrie conservaient encore une prédilection pour un quartier auquel elles donnaient un attrait et un cachet particuliers. Les embellissements et les transformations salutaires ont successivement disséminé ces diverses ruches laborieuses sur tous les points de la capitale agrandie, mais les archéologues et les amants passionnés d'antiquité, *laudatores temporis acti,* regrettent cette physionomie originale autant qu'intéressante du vieux Paris disparu. La place Dauphine était un petit village dans la grande ville, — sorte de petite cité dans la cité, — un véritable centre de fabrication horlogère où se fixaient en outre les fabricants de cadrans, les émailleurs et tous les artistes, graveurs, guillocheurs, etc., qui s'occupaient de la décoration des montres.

C'est dans ce lieu pittoresque qu'il s'établit et vécut plus d'un demi-siècle.

Il travailla successivement pour Berthoud, Motel, Bréguet, et collabora à tous les travaux remarquables de cette belle époque de l'horlogerie.

L'art de l'horlogerie était pour lui une véritable passion, et, donnant un exemple bien rare à cette époque, il ne voulut pas d'autre profession pour ses fils. Lui, dont les goûts mécaniques furent d'abord contrariés, ne comprenait pas que cette généalogie industrielle d'horlogers de père en fils fût suspendue. Aussi son fils Gustave a-t-il eu à cœur de la continuer.

On ne sait trop qui des deux louer le plus de cette détermination. Je répéterai volontiers ici, à cette occasion, ce que j'écrivais en 1863, à propos d'un cas analogue : « Aujourd'hui, disais-je, que la manie du déclassement envahit les rangs secondaires de la société, que le négoce n'est plus guère qu'une spéculation pour faire vite fortune et non une carrière, et que des opérations financières faciles changent en un jour, comme en quelques coups de dés, la condition matérielle des gens, on est heureux de voir une longue suite de générations, renonçant à toute tentative aléatoire de fausse élévation, se léguer, avec une simplicité vraiment antique, la profession de leurs aïeux. » Cette succession non interrompue de la même profession, et cette réputation séculaire d'honneur et de probité, constituent un patrimoine d'une haute valeur morale.

M. Sandoz fut donc, dans le sens le plus complet du mot, un horloger; j'insiste, oui, c'était un horloger distingué, ce qui devient fort rare, malgré les apparences : rien de plus commun que le nom, rien de plus rare que la chose. Il tenait beaucoup à ce titre, qui représente la possession d'une science doublée d'un art.

Un homme qui portait si haut et si fier l'orgueil de son état ne pouvait être que bien vu dans sa partie. Sa justesse de vues, sa modération de langage, la courtoisie habituelle de ses procédés lui conciliaient les sympathies de ses confrères contemporains et la déférence respectueuse des plus jeunes auxquels il se plaisait à rendre volontiers service. Il apporta toujours dans sa carrière cet esprit de franche et loyale confraternité qui crée les bonnes affections, et réussit si bien à les conserver, donnant constamment l'exemple de la fidélité aux règles de l'équité et de l'honneur commercial.

Tous s'accordaient, du reste, à reconnaître en lui les qualités qui font à la fois le praticien et le démonstrateur. Il aurait pu prendre dans l'enseignement de l'horlogerie parisienne une place importante, je puis bien dire une des premières places, s'il n'eût été aussi difficile dans le choix de ses élèves. Il ne les acceptait, en effet, que lorsqu'ils étaient doués d'une vocation réelle et d'aptitudes spéciales. « Il est plus difficile de faire un bon horloger qu'un médecin ou un notaire », disait-il, et il avait peut-être raison.

Il peut paraître étrange, au premier abord, qu'un tel homme soit resté presque constamment à l'écart. Ceux qui le connaissaient à fond ne s'en étonnaient point; il aimait son indépendance, son entière liberté. Ceux qui regrettaient pour lui son existence trop modeste et trop cachée cherchaient quelquefois à lui faire accepter des fonctions qui auraient pu le mettre en évidence et étendre sa réputation en dehors de la sphère de ses confrères. Il aurait pu les remplir avec autorité, mais il les refusait toujours, préférant le silence et les travaux habituels du praticien, dans lesquels il excellait. Selon lui, c'était là sa voie naturelle, sa véritable mission.

Tout en admirant cette modestie, cet effacement volontairement stoïque, il nous serait difficile, à nous qui sommes de la dernière moitié du XIXe siècle, d'en conseiller l'imitation absolue. « Il y a, en effet, dit La Bruyère, une philosophie qui nous élève au-dessus de l'ambition et de la fortune, qui nous égale, que dis-je? qui nous place plus haut que les riches, que les grands, que les puissants, qui nous fait négliger les emplois et ceux qui les procurent, etc. Il y en a une autre, ajoute-t-il, qui nous soumet et nous assujettit à toutes ces choses en faveur de nos proches et de nos amis. C'est la meilleure. » C'est celle-là que pratique le fils, et nous l'en félicitons.

M. Sandoz, on le devine aisément, était un travailleur : il avait cette vertu nécessaire des natures d'élite. Le labeur opiniâtre, sans lequel les plus riches facultés sont réduites à néant, était la règle de sa vie.

Une fois le travail quotidien accompli, l'ouvrage courant expédié et le nécessaire obtenu et assuré, il n'avait qu'un désir, qu'un bonheur, celui de satisfaire à son goût universel pour la mécanique. Son esprit toujours en éveil ne se spécialisa jamais, et de nombreuses inventions, fort diverses dans leurs applications, naquirent de ses recherches. Sans cesse appliqué à trouver le mieux, sa curiosité infatigable ne connaissait ni la lassitude, ni la fatigue, ni le repos; il ne ménageait pas ses veilles pour obéir à sa fiévreuse impulsion, moins préoccupé du profit, du résultat lucratif que de la beauté, de l'ingéniosité de l'idée, du plaisir de l'invention. Mais, comme le véritable chercheur, à peine avait-il trouvé le résultat désiré, qu'il passait à une autre invention.

Il appartenait, en effet, à cette catégorie d'artistes qui recherchent, avant tout, des résultats sérieux; un progrès, un perfectionnement, une amélioration, un succès atteint, lui donnait à coup sûr plus de contentement que la perspective d'un gain.

Ce goût désintéressé, ce dédain du lucre est le signe lumineux dont Dieu marque certaines intelligences privilégiées.

Amoureux passionné de son art, il avait voulu y devenir un érudit, et il puisait dans les livres, les publications techniques, les revues, les traités anciens et modernes, des notions aussi utiles que variées, afin d'acquérir une connaissance approfondie, avoir une expérience consommée et augmenter son mérite et sa valeur morale.

En cela, il faisait acte d'honnêteté professionnelle. Il est certain que celui qui sait à fond un art l'exerce avec scrupule : « Science, conscience », a dit Michelet.

Il avait donc droit à la réputation qu'il s'était créée, car il a rendu de véritables services. Beaucoup de ses contemporains, parmi lesquels il avait su s'attirer des amitiés solides et durables, les ont appréciés ; aussi puis-je affirmer avec conviction que sa place restera longtemps marquée dans leur souvenir : son nom était parmi eux synonyme de droiture et de loyauté.

Ceux dont il faisait ses confidents, et qu'il associait plus intimement à ses recherches et à ses essais, ont été à même de juger son savoir, son adresse, son coup d'œil et la singulière pénétration de son esprit; mais il n'était besoin que de le fréquenter pour rendre hommage à sa prodigieuse activité.

Aussi, quand vint l'heure de la retraite, commandée par l'âge, il n'emporta que le seul regret de ne pouvoir continuer les services qu'il avait rendus pendant tant d'années à son art et à sa corporation.

Un tel ensemble de qualités sont d'un salutaire exemple.

L'honneur en rejaillit aujourd'hui sur son fils; mais nul n'en est plus digne, et ses confrères sont les premiers à applaudir à son succès. C'est, en effet (je ne crains pas d'être démenti), un galant homme, un artiste et un commerçant distingué.

J'émets un vœu, qui certainement s'accomplira : le petit-fils, Roger, élevé par son père, le remplacera dignement et continuera cette dynastie industrielle; suivant la route qu'on lui aura si largement ouverte, il saura prouver que, comme noblesse de nom, noblesse de commerce oblige.

II

« Ceux que nous aimons sont pour moitié dans tout ce que nous faisons. »

MARC-AURÈLE.

« De toutes les vertus de la vie privée, la première, c'est la piété filiale. »

« La bontó des enfants est angélique, celle des vieillards est divine. »

3.

II

APRÈS avoir rendu justice, sous ses divers aspects, à la valeur professionnelle de M. Sandoz, que ne dirai-je pas de ses vertus privées?

Je ne l'ai connu qu'à l'hiver de sa vie. Dois-je le regretter? Je ne le pense pas, si j'en crois les auteurs qui ont chanté la vieillesse. Je crois même pouvoir conclure, d'après eux, que c'est le meilleur moment pour le portraitiste comme pour le biographe.

La face des vieillards est pleine de beauté;
Leur voix sur l'existence a des secrets intimes;
On dirait des plongeurs qui sortent des abîmes :
Le blanc flocon d'écume à leur tête est resté.

Un reflet du ciel luit dans leur sérénité,
Les rayons du soleil brillent mieux sur les cimes.
Sous les rayons divins leurs grands fronts sont sublimes :
L'homme quand il est vieux a plus de majesté.

Qui n'a vu dans ses jours des vieillards vénérables
Répandant autour d'eux des pensers admirables
Qui pénétraient le cœur? J'en ai connu plus d'un.

Ce n'est pas quand elle est un bouton frais et rose,
Ce n'est pas au matin qu'embaume mieux la rose :
Le soir, en s'effeuillant, elle a plus de parfum [1].

Quoi qu'on puisse en penser, la nature, en mère prudente, met presque toujours sur le front des gens ce qu'ils sont.

Ceux qui ont connu et pratiqué le

1. Boulay.

bon papa Sandoz n'oublieront jamais ce petit vieillard de constitution vigoureuse, aux épaules larges, au pas vif et allongé comme celui des montagnards, à la physionomie ouverte; le visage frais encadré de favoris blancs, le front élevé, le menton un peu fuyant, la bouche petite, les yeux au regard doux, mobile et expressif, portant enfin, au physique, tous les signes qui distinguent l'ancienne race helvétique.

Au moral, il possédait une grande force de volonté; sous une écorce un peu rude, il cachait une âme sensible, un cœur tendre, susceptible d'une très vive affection. Avec des formes empreintes de simplicité et de modestie, il laissait percer une largeur de vues, d'idées et d'opinion, une aversion pour l'injustice qui ajoutaient la confiance au respect que vous aviez d'abord conçu.

Maintenant que nous connaissons la silhouette du respectable aïeul, pénétrons plus avant dans sa vie intime, dont nous allons esquisser brièvement les principaux traits.

Considérons-le dans son intérieur, dans ses relations sociales, dans ses habitudes de tous les jours.

Je dis pénétrer dans son intérieur... ne m'avancé-je pas trop ? N'est-ce pas une tentative indiscrète que d'aller demander au foyer domestique ce qui s'y est passé, que de soulever ne serait-ce qu'un coin du voile qui protège la vie de famille ?

Je le reconnais, pour bien d'autres intérieurs, la prudence commande souvent de s'arrêter à distance et de n'examiner que les dehors. Mais ici, nous pouvons entrer, personne ne nous reprochera d'être téméraires. Les enfants de la maison consentent volontiers à en ouvrir les portes, sachant bien qu'il ne s'y peut rien voir qui ne soit à l'honneur de tous.

Eh bien, qu'apercevons-nous dans cet intérieur ? Nous y voyons le meilleur des pères. Quelle sollicitude attentive et incessante pour ses enfants ! quelle effusion de sentiments affectueux ! quelles paroles sages, douces, encourageantes ! Il était sans cesse préoccupé du bonheur des siens et s'associait entièrement à leurs joies comme à leurs chagrins.

Si les enfants étaient tendrement chéris, les petits-enfants avaient une large part dans cet amour paternel.

Mais, disons-le bien haut, cette grande affection était abondamment payée de retour. Quel spectacle touchant a constamment offert cette belle et vertueuse famille! Ils avaient formé autour de leur chef un cortège d'honneur et de pieuse tendresse. On sentait que c'était bien là leur centre d'attraction. Sa présence embellissait leur demeure et réjouissait leurs yeux.

A certaines époques de l'année, grands et petits éprouvaient comme le besoin de céder à une explosion de sentiments, de manifester hautement leur tendresse, et de rendre au vénérable aïeul un culte solennel. C'était principalement quand le retour de février ajoutait un chiffre de plus à l'acte de baptême déjà si surchargé du bien-aimé septuagénaire. On y songeait, on méditait, on cherchait quelque récréation inédite, quelque surprise nouvelle; c'était à qui trouverait le mieux; poussé par une douce impatience, on en arrivait bientôt à compter les jours et les heures; enfin, venait le soir si longtemps attendu, le moment si ardemment désiré, et l'on s'abandonnait à des élans, à des transports de joie qui gagnaient irrésistiblement les personnes conviées à ces heureuses et pacifiques démonstrations de l'amour filial.

C'est ainsi qu'il nous a été donné d'assister à de touchants anniversaires qui ont laissé dans tous les esprits, et surtout dans tous les cœurs, des souvenirs durables.

La première de ces fêtes de famille a une origine qui mérite d'être racontée. Gustave, le fils aîné, avait demandé à son père ce qui lui plairait le plus pour célébrer sa soixante-quinzième année : « Moi, répondit-il, qui n'ai jamais dansé, je voudrais voir danser le jour de ma fête. » Cette réponse peint bien le fond de son naturel.

Il n'en fallait pas davantage pour le fils. Dès le lendemain les salons de l'hôtel du Louvre étaient retenus pour le 20 février.

Je n'ai pas besoin de dire que la réunion fut merveilleuse et des plus réussies ; le cadre donne toujours de l'animation au tableau : danses, rondes enfantines, intermèdes de chants sérieux et comiques, souper, tout fut parfait et plein d'entrain.

Vers minuit, il s'établit un grand silence ; on fit cercle autour du respectable patriarche, et l'aînée des petites-filles, Berthe, s'avançant à pas lents, récita — avec la grâce timide de l'adolescence, mais cependant d'une voix assurée — la pièce de vers suivante, composée tout exprès pour la circonstance par un vieil ami de la maison, M. Rédier :

COMPLIMENT

ADRESSÉ PAR

BERTHE SANDOZ A SON GRAND-PÈRE

A L'OCCASION DE SON

SOIXANTE-QUINZIÈME ANNIVERSAIRE

20 février 1875

— Que je voudrais être grand-père !
Me disait Roger ce matin...
Regarde un peu tout cet entrain
Pour célébrer l'anniversaire...
Regarde tous ces fronts joyeux.
Vit-on jamais pareille fête ?
Papas, mamans, oncles, neveux...
On dirait qu'ils perdent la tête.
Vraiment j'en suis un peu jaloux.
Dis-le-moi franchement, ma chère,
Sais-tu le moyen, entre nous,
Pour que je sois bientôt grand-père ?

— Oh! oh! mon cher ami, oh! quelle ambition!
Pour être bon-papa, c'est une grosse affaire...
La première condition,
Il me semble : c'est d'être bon...
Es-tu bon? — Heu? parfois. — Il faut l'être quand même,
Pour ceux qu'on n'aime pas, comme pour ceux qu'on aime.
— C'est vrai, sous ce rapport, qui vaudrait bon-papa?
— As-tu des cheveux blancs? — Oh! la chose est facile,
Les teinturiers sont-ils pas là?
— Es-tu gai, souriant, doux, généreux, agile,
Bienveillant, charitable, enfin as-tu ce cœur
Qui charme tous les siens et fait tout leur bonheur?
— Hum! ne pourrait-on pas retrancher du programme
Quelqu'une des conditions?
Je suis agile, gai; rarement je m'enflamme;
Et si parfois de quelques horions
Je taloche un ami, c'est excès de tendresse;
Et Jeanne te dira quelle délicatesse
Préside toujours à nos jeux...
— Mais voyons, cher prétentieux;
Pour être grand-papa n'est-il pas ordinaire
Qu'on soit d'abord simple papa...
Êtes-vous marié, monsieur le téméraire?
— Peste! je n'avais point songé du tout à ça...
C'est fort embarrassant. — Où donc est la famille,
Hein! que vous avez su noblement élever?
Avez-vous un fils? une fille?
Par quelle invention vit-on se distinguer
Le nom que votre grandeur porte?
Avez-vous vu le temps frapper à votre porte,
Y jeter les soucis, les soins de chaque jour?
Hélas! il est parfois si lourd!
Et toujours acceptant ce que la Providence
Vous apportait... mon cher frère, avez-vous
Su vous concilier l'affection de tous?...

Roger ne dit plus rien. Filant avec prudence,
Il avait l'air tout confondu,
Quand Jeanne, qui d'un coin avait tout entendu,
Lui dit en se moquant : Eh bien! sais-tu, compère,
Avec tous tes airs solennels :
Si tu te prends jamais de quelque humeur guerrière,
Tu feras bien de t'engager, cher frère,
Au régiment des colonels...

Voilà, cher grand-papa, ce qui ce matin même
Se passait au Palais-Royal.
Mais je n'ai pas tout dit. En cet heureux quantième,
Pour vous chanter comme on vous aime,
Il nous faudrait un talent sans égal.
Ah! que j'aurais voulu raconter votre vie,
Simple dans ses labeurs, noble en sa modestie.
J'aurais voulu parler de tous les héritiers
Des cinq générations de braves horlogers...
Les échos démolis de la place Dauphine
Pourraient nous dire encor quel aimable renom
Vous fit votre talent, votre adresse si fine
A côté d'un cœur toujours bon.
Et je sais plus d'un écusson
Qui vous doit à coup sûr la moitié de sa gloire...
Aussi quelle vieillesse! On ne veut point le croire.
Quoi! soixante-quinze ans ont passé sur ce front,
Sur ce charmant sourire et ces jambes d'aplomb?
Sur cet œil toujours clair, cette humeur enjouée
Qui séduit nous et nos amis!
Et comment deviner, sous ses traits réjouis,
Le héros de cette journée?...
Que c'est long soixante-quinze ans!
Que de choses vous avez vues!...
Que d'empereurs, de rois... que de gouvernements!
Et des gazettes donc, si vous les aviez lues!!!

Mais calme malgré tout, comme ce vieux voisin;
Comme ce vieux Pont-Neuf, philosophe solide
Vous assistiez à tout, et pourtant quelque ride
Fait à peine plisser ce front toujours serein.
Oh! soixante-quinze ans! Savez-vous, cher grand-père,
Que cela fait beaucoup de joyeux jours de l'an?
Que d'étrennes, bon Dieu! tout cela doit vous faire
Ah! je voudrais savoir vraiment
Si vous les avez conservées...
Non, non, comme toujours vous les avez données...
Avare pour vous seul, mais prodigue pour nous.
Vous savez dans tous les joujoux
Rechercher le meilleur pour notre caractère;
Et malgré le sombre mystère
Que vous mettez à faire vos cadeaux,
Nous devinons toujours : c'est toujours vous, grand-père,
Qui savez choisir les plus beaux.
Aussi de quel bonheur nous saluons la fête
Qu'on célèbre enfin aujourd'hui.
Ce n'est pas un coup de ma tête,
Croyez-moi, hier au soir un songe m'a ravi :
En l'an dix-neuf cent, tous réunis de même,
Nous chanterons vos cheveux blancs;
Vous aurez alors vos cent ans.
Entouré de nous tous, de tout ce qui vous aime,
Comme aujourd'hui nous danserons.
Papa sera tout gris, maman sera grand'mère,
Jeanne nous dira ses chansons;
Et Roger, relevant sa tête heureuse et fière,
Solennellement s'écriera :
Enfin, je serai donc bientôt un bon-papa!

La deuxième fut moins solennelle et d'un caractère plus intime.

Elle eut comme un prologue qui disposa bien les esprits.

On avait fait au *bon-papa* la surprise de faire exécuter par Mlle C. B. un très beau portrait sur émail de la benjamine du foyer, la délicieuse petite Jeanne, brunette de joli type espagnol, aux yeux profonds comme des lacs. A cette occasion, l'un des invités [1] improvisa (non, soyons sincère), avait préparé sur le folio d'un carnet — car il était dans le secret — le sixain suivant qu'il fixa furtivement au cadre du tableau, et qui plut à l'assistance :

Plus d'un grand nom, qui dans le monde brille,
Pour soutenir un luxe intelligent
Achète ici tel diamant qui scintille :
    Mais c'est au sein de la famille
Qu'il faut chercher le plus bel ornement,
Car ces joyaux, que peut donner l'argent,
Ne valent pas tes yeux, petite fille!...

Enhardi par ce léger succès, et se

1. M. E. C.

sentant — il faut l'avouer — un peu enfant gâté, au champagne, dévoilant ses batteries, il termina par cette épître :

Pour vous, oui, c'est vrai, j'ai rimé, grand-père.
J'ai vite reconnu mon tort.
Mais votre amitié, toujours si débonnaire,
Me tiendra compte de l'effort.
Puis, je connais si bien votre indulgence
Que je n'ai pas cru devoir hésiter;
Pourtant je fais appel à votre bienveillance,
Grand-père, je veux vous chanter.

Vous, échos de l'hôtel du Louvre,
Ne raillez pas trop si j'entr'ouvre
Ma porte aux filles d'Apollon...
Mon chant ne sera pas bien long
Et tout ce que j'en fais n'a qu'un but très modeste :
Dire en quelques mots bien sentis,
Au nom des grands et des petits,
Mon admiration pour ce doux front qui reste
Jeune, en dépit des cheveux blancs...
Et qui, loin des soucis troublants,
Conscient du devoir accompli, d'une vie
De travail et d'honnêteté,
Porte comme un reflet de vertu, de bonté,
Qui nous dit la route suivie...

Dieu donne aux vieux chênes des bois
Cet air majestueux et cet accueil qui charme;
Ceux-là connaissent les effrois,
Mais ils savent aussi contre eux trouver une arme.

Rien n'est beau comme la verdeur
De l'irrésistible vieillesse
Et jusqu'au semblant de faiblesse
Tout est prétexte à la splendeur.
Les yeux sont fins, la bouche a des plis de sourire
Que nous aimons à voir, mais qu'on ne peut décrire,
Et tout ce qui fait leur aspect
Impose l'amour, le respect;
Et ces cheveux blanchis, qu'on vénère et qu'on aime,
Sont l'éblouissant diadème
Que le temps, impuissant à ternir d'un affront,
En s'avouant vaincu vient poser sur le front.

Pour ce nouvel anniversaire
Que pouvons-nous vous souhaiter?
Quels vœux pouvons-nous, cher grand-père,
Demander à Dieu d'écouter?...
La question n'est point indiscrète;
Mais, sur ma foi, j'ai beau chercher :
Une félicité parfaite?
Où le bonheur irait-il se nicher?
Si les roses qu'il peut répandre
Ne tombaient pas sur votre seuil,
Et si les vœux ardents que le ciel doit entendre
Ne trouvaient pas le Seigneur tendre...
Moi, je crois, et c'est mon orgueil,
Que vous continuerez à vivre ainsi, grand-père.
Tout le monde ici pense comme moi,
Vous arriverez centenaire
Et porterez longtemps bonheur à votre toit.

Je sens, en vous chantant, que mon respect augmente.
Il faut savoir garder, bien maître de ses sens,
Une âme pure autant qu'aimante
Pour avoir sans déclin des attraits si puissants.

Portez donc vaillamment, jusqu'au moment suprême,
De vos cheveux d'argent le noble diadème;
Telle, en votre pays, la montagne si belle
Charme tous les regards par sa neige éternelle.
Gardez longtemps encor vos robustes accents
Dont la saine vigueur fut toujours souriante,
Et surtout conservez cette grâce charmante,
Cette franche gaîté qui défiera les ans.

De ce nom de Sandoz votre famille est fière;
Vos fils le porteront bien haut,
Ils feront resplendir votre devise altière
« Sine dolo »;
Ils garderont, pieux, la tradition sainte
De vertu, de labeur
Qu'ils reçurent de vous; sans reproche et sans crainte,
Ils suivront fermement le sentier de l'honneur.

E. C.

Mais la fête la plus belle, sans contredit, et qui fut comme le couronnement de toutes les autres, fut celle qui eut lieu, rue de Valois, 10, hôtel de la Chancellerie d'Orléans[1]; vous avez bien entendu, lecteur?... Oui, ce fut dans cette royale habitation, devenue

1. L'hôtel de la Chancellerie d'Orléans fut construit dans les premières années du XVIIIe siècle.

par droit de conquête, comme beaucoup d'autres anciennes demeures aristocratiques, le palais de l'industrie moderne, cette reine du jour, que fut donnée cette dernière fête. Il serait difficile d'imaginer quelque chose de plus complet ; rien n'y manqua : splendeur du lieu, séductions d'un bal travesti, — pour les dames seulement, — souper, chants, poèmes, comédies, cette fois composés ou interprétés par de vrais poètes et de véritables artistes.

Quel cadre plus merveilleux que ces immenses salons décorés avec la délicatesse et la profusion artistique du temps, auxquels une restauration intelligente a facilement rendu leur éclat primitif ? Peut-on ne pas se laisser aller à tous les enivrements de la danse au milieu des riches sculptures des boiseries, de cartouches et d'écussons, de Vénus, de nymphes reproduisant les portraits authentiques de déesses (qui furent très humaines), des essaims d'amours désarmant les dieux, d'emblèmes tendres et coquets, de bouquets et de guirlandes qui peignent le plus galamment du monde l'époque de la Régence ?

Quel joli tableau brillant et chatoyant formaient toutes ces jeunes femmes avec ces têtes poudrées, ces jupes aux couleurs variées, ces travestissements brodés et rebrodés de soie, d'argent ou d'or, ressemblant à des fleurs disséminées dans une prairie, tout ce brio élégant si éblouissant et si vif ! Quelques toilettes, applaudies à leur entrée par des murmures flatteurs, furent très remarquées. Nous renonçons à les décrire. La sobriété de la biographie exclut ces détails. J'espère que plus d'une aimable lectrice, dont cette fête évoque le succès, voudra bien nous le pardonner.

Un choix attrayant de musique et de chant reposait les danseurs et semait une agréable variété dans la succession des plaisirs offerts aux invités. On peut en juger par le programme suivant :

Poésie de Georges Boyer, dite par Mlle B. S.
Morceaux choisis pour cithare, exécutés par M. F.
Aubade de Diaz, chantée par Mme M. C.
Une nuit à Venise, de Lucantoni, chantée par Mme R. et M. M.
Air de Galatée, de Victor Massé, chanté par Mme R. F.
Deux poésies, dites par M. G. W.
En wagon, saynète, jouée par Mme W., MM. G. et L.
Le Baptême du petit chat, de G. Boyer et Pitter, chanté par Mlle A. H.
Duo des Napolitains, chanté par Mme M. L. et Mme B. F.
Si tu veux, Mignonne, de Massenet, et canzonnetta de *Rigoletto,* de Verdi, chantés par M. M.
Chansonnette, par M. G.
Dis-moi donc pourquoi que j't'aime? d'A. de Beauplan, duo comique, par M. et Mme M. C.
Chansonnette, par M. G.

Un fait à remarquer, qui donnait un

grand relief à l'exécution, c'est que tous, artistes ou amateurs, apportaient avec empressement un zèle amical et désintéressé. Ils méritèrent donc doublement les applaudissements et les éloges dont ils furent comblés.

Les initiales, que nous avons néanmoins tenu à respecter, sauveront peut-être la modestie de quelques amateurs, et encore je n'en suis pas bien sûr; mais elles garantiront difficilement celles des artistes en renom, connus et aimés du public parisien, qui donnèrent si largement leur cordial concours.

De ce nombre est M. W..., l'éminent sociétaire de la Comédie-Française, dont tout le monde apprécie le talent élevé et la diction magistrale.

Mme W..., sa digne compagne, qui, avec une grâce charmante, avait bien voulu se charger du modeste rôle de la saynète, dans lequel elle avait apporté sa distinction, sa gentillesse, son jeu spirituel et piquant; pauvre jeune femme, au moment où j'écris ces lignes, moissonnée par le vent d'automne et ravie trop tôt à la tendresse de sa famille et à l'affection de ses amis!

M. G..., l'aimable et sympathique acteur-chansonnier, dont le tact parfait, l'exquise finesse et le bon goût font le type achevé du comique comme il faut.

Enfin, Mlle B. S..., dont le voile de l'initiale dissimule mal la mignonne personnalité, et qui, en disant la pièce composée pour la circonstance par M. Georges Boyer, a prouvé qu'elle avait gagné non seulement en âge et en grâce, mais encore en habileté oratoire sous un des maîtres de la déclamation.

Voici ce poème :

Avec sa craintive nichée,
Du milieu des bleuets d'azur,
Fuit l'alouette effarouchée...
L'homme arrive, le grain est mûr.

Chacun au cœur a le courage,
Aux lèvres on a la chanson,
Et si rude que soit l'ouvrage,
Bientôt s'achève la moisson.

C'est qu'au soir, quand, chargés de gerbes,
Les bœufs rentreront à pas lents,
Viendra parmi les hautes herbes
Le patriarche aux cheveux blancs.

Il jette un regard sur la plaine,
Il voit qu'on n'a négligé rien.
Les fils sont payés de leur peine,
Le père leur a dit : « C'est bien ! »

Grand-père, la moisson est faite.
Si les fruits en sont abondants,
Si c'est dans un palais qu'on fête
Aujourd'hui tes quatre-vingts ans,

C'est que nous avions l'espérance,
Ce fut notre ferme soutien,
Un jour pour notre récompense
De t'entendre dire : « C'est bien ! »

Entre chez nous, mon bon grand-père,
Ou bien plutôt entre chez toi,
Entre ici comme y vint naguère,
A ce que l'on raconte, un roi.

Ta couronne, à toi, c'est la neige
Qui brille sur tes cheveux blancs;
Ton royaume (que Dieu protège),
C'est le cœur de tous tes enfants.

Cette pièce, qui émane d'un auteur classé, est incontestablement supérieure à celle qui précède. Celle-là, surtout éclose au souffle de l'amitié, enfant du rire et de la gaieté gauloise, ne pensait guère sortir du cénacle bienveillant et presque complice, où elle avait pris naissance, pour se produire au grand jour; mais nous avons tenu, néanmoins, à la donner, espérant qu'elle ne ferait pas trop tache ni longueur, et pour prouver combien les intimes et les familiers de la maison s'associaient à ces épanchements et ne manquaient aucune occasion de donner hautement au *bon-papa* un témoignage d'estime et d'affection.

Aussi, je n'oublierai de ma vie l'effet qui fut produit parmi les assistants, lorsque, après un souper féerique final, digne du lieu, le vénérable grand-père, appuyé sur le bras de son fils aîné, parcourut les rangs d'un pas chancelant, pressant avec effusion les mains de chaque chef de table et recevant de lui, en échange, les démonstrations les plus vives et les plus touchantes. Un secret pressentiment gagnait tous les cœurs, et l'émotion, bien que muette et contenue, laissait percer un profond attendrissement. C'était vraiment le triomphe de la vieillesse; c'était bien là la fête de la piété filiale.

III

« Home sweet home. »

(*Chant irlandais.*)

« Parva domus, magna quies. »

(Hor.)

« Ille, præter omnes, angulus ridet. »

(*Id.*)

III

N sentiment dominait donc dans cette famille que j'appellerai volontiers la religion du respect. Je n'ai jamais vu la vertu filiale, le culte de l'ancêtre porté à un si haut degré. C'est là qu'on pouvait voir dans toute sa justesse l'application de ce mot charmant d'une femme : « L'amour est l'oubli de soi pour un autre[1]. » Tous luttaient à l'envi d'attentions et d'égards envers le bien-aimé patriarche, et s'ingéniaient à l'entourer de soins.

Ce fait était facile à constater en tout temps et en tout lieu, mais jamais d'une façon plus apparente qu'à leur maison de plaisance; car, là, la vie se déploie au grand jour, sans voile, sans mystère, loin des ennuis de la représentation et des observances obligées de la mondanité parisienne. A la campagne, en effet, les formes, comme le vêtement, excluant toute recherche et toute affectation, ont plus de dégagé, d'abandon, de douce et agréable familiarité; la simplicité, l'aisance, un certain laisser-aller même y sont tolérés; le cœur se dilatant se montre à décou-

1. Mme Alphonse Esquiros.

vert et acquiert cette grâce expansive qui est un des charmes de la villégiature.

Bon nombre de ceux qui liront ces pages connaissent cette élégante villa de Billancourt, récemment agrandie et embellie avec art ; riante demeure, sertie dans le feuillage comme un bloc d'agate dans un cercle d'émeraudes. Sa tourelle svelte et élancée, ses murs de brique, ses vitraux moirés de lumière, ses fraîches draperies de verdure, ses bosquets, ses massifs coquets en font une habitation d'un aspect délicieux.

Aussi, dès les premiers rayons de soleil du printemps, M. Gustave Sandoz y transporte-t-il ses pénates champêtres, pour y goûter un repos mérité, loin du tumulte étourdissant de la grande ville et du tourbillon des affaires.

Nous avons été invités bien des fois, nous et beaucoup d'autres, à jouir de l'hospitalité de ce toit. Or, quel accueil n'y a-t-on pas trouvé?... l'expansion la plus cordiale, les attentions d'une aimable bienveillance, les empressements d'une courtoisie parfaite, de cette politesse exquise et pleine de tact, qui vient, non pas de la sociabilité apprise, mais de la délicatesse des sentiments; les habitants paraissant être les obligés de leurs hôtes et se faisant les serviteurs de ceux qu'ils recevaient. Qui ne conserverait le plus agréable souvenir de ces réunions où règne une gaieté si douce, une tolérance pour toutes les doctrines, toutes les opinions, toutes les idées; où le maître de céans est entouré de douces et sereines figures, celles de sa femme et de ses enfants, qui l'aident à faire les honneurs de cette hospitalité, et dont les grâces, séduisantes et modestes, font la joie et l'ornement de son foyer? Toute la maison est affable; les murs, les meubles eux-mêmes ont quelque chose de souriant.

C'est là qu'au milieu des senteurs vivifiantes des bois, des fleurs et de la calmante poésie de la nature, le *bon-papa* s'installait également, tout l'été, dans un chalet séparé, qui ferait les délices de plus d'une famille bourgeoise, et qui est devenu depuis lors le « pavillon d'amis ».

Que de fois je l'ai surpris, silencieux et rêveur, assis à l'extrémité du balcon, — alors que le soleil s'éteint à droite, et qu'en face, l'astre pâle des nuits montre déjà son édisonne clarté, — contemplant les riants coteaux de Meudon et les belles croupes boisées de Saint-Cloud, qui lui rappelaient, en petit, la paisible félicité de son pays natal !

Très souvent, alors, je me dirigeais de son côté et dissimulant mal, avec intention, ma présence, discrètement je l'observais. Dès qu'il m'avait aperçu, il m'envoyait un imperceptible salut. Puis, j'attendais. Presque toujours, il me faisait signe de monter pour lui tenir un instant compagnie.

Nous causions. — S'il pouvait être parlé d'amitié entre deux hommes que séparent deux générations, j'oserais appliquer ce mot au ton qui régnait dans nos conversations : c'était de ma part, tout au moins, une respectueuse sympathie, à laquelle répondait la plus entière bienveillance. — Nous causions de tout un peu, de lui, de moi, de son art qu'il regrettait tant de ne pouvoir plus cultiver, de ses progrès, de son avenir, de ses enfants qu'il chérissait.....

J'affectais de revenir fréquemment sur ce dernier sujet, qui avait pour moi un attrait particulier. Avais-je un vague pressentiment qu'un jour je serais son biographe? Je ne sais. Quoi qu'il en soit, je l'écoutais avec une attention exceptionnelle; recueillant avidement ses pensées et ses paroles dont le fond est resté tellement gravé dans mon esprit que, si je voulais les reproduire, je n'éprouverais pour ainsi dire, à cette heure, aucune difficulté à les rendre presque dans leur forme naturelle.

Il adorait son petit chalet et ne se lassait pas de le dire. Mais il avait tenu rigoureusement à ce qu'il ne contînt que le strict nécessaire et les objets les plus modestes.

C'est un des côtés saillants de son caractère qu'il me reste encore à signaler.

Il était impossible d'avoir des goûts plus simples. Il avait pour principe qu'une vie dure ne contribue pas moins à la vigueur du corps qu'à la vigueur de l'esprit. Ennemi de tout luxe et de toute recherche, il était aussi parcimonieux pour lui-même que prodigue pour les autres. Quand il s'agissait de sa personne, pour arriver à le satisfaire, la difficulté était à rebours ; au lieu d'aller de l'avant, il fallait se modérer : c'était très bon, très beau, plus que suffisant, il trouvait toujours qu'on faisait trop pour lui ; parfois même il fallait employer la ruse — ce qui ne laissait pas que d'être fort amusant — et alors il faisait semblant de se laisser prendre et cédait, par bonté.

Avec cet esprit de désintéressement et ce dédain de lucre commercial, dont nous avons parlé dans la première partie, quoi d'étonnant qu'il ne portât nulle envie à la grande fortune ?

Il ne comprenait que l'aisance et professait, à cet égard, des idées et des opinions arrêtées qui pourraient se résumer dans l'adage suivant que j'ai entendu émettre par un autre vieillard, de ses contemporains, ayant avec lui, comme situation et position, de nombreux traits de ressemblance : « Ayez des goûts simples : si la fortune vous favorise, vous n'en serez pas l'esclave; si elle vous est contraire, vous ne souffrirez pas. »

N'était-il pas dans le vrai, ce sage, ce philosophe de la vie pratique, sachant l'art d'être riche de tout ce dont il n'avait pas besoin ? Le faste et l'apparat, en effet, ne sont nullement nécessaires au bonheur. Retranchez du luxe l'inutile, que reste-t-il ? Ce qui est inutile est nuisible, suivant un dicton populaire. Mal entendu et faussement appliqué, il n'est que trop souvent l'ennemi du vrai confortable. On l'estimerait peu, convenons-en, s'il ne donnait à la vanité le plaisir d'avoir ce que les autres n'ont pas. En résumé, pour se trouver dans l'abondance, il n'est pas toujours nécessaire d'augmenter ses richesses, mais de modérer ses désirs. La nature ne demande que le nécessaire ; la raison veut l'utile, l'amour-propre recherche l'agréable, la passion exige le superflu.

Dans le cabinet de travail, servant d'atelier, que je lui ai connu en dernier lieu au Palais-Royal, il n'avait pour tout mobilier qu'une table —

merveilleusement outillée, il est vrai— un vieux fauteuil et un poêle, dont les bruyants ronflements venaient en hiver l'égayer. Voilà bien un ameublement en rapport avec l'austérité de ses mœurs et la simplicité de ses habitudes.

Aussi, l'installation particulière de son chalet ne m'avait-elle point surpris, le contraire m'eût étonné et assurément moins plu. J'étais ravi de l'ordre et de la propreté qui y régnaient, et chaque fois que je m'arrêtais sur le seuil, il me semblait lire sur le frontispice ce mot si vrai du poète latin : *Parva domus, magna quies* (petite maison, grand repos).

De l'avis unanime de ceux qui l'ont connu, au milieu de ce Paris si mondain et si agité, il avait toujours mené une vie calme et retirée, passant ses soirées en famille, ou avec quelques intimes, survivants bien clairsemés aujourd'hui, qui avaient le privilège de s'asseoir à son foyer, et qu'il charmait par ses entretiens mêlés de grâce et de bon sens. C'est bien ici le cas de dire comme le philosophe genevois : « On ne voit guère que des gens de bien se plaire au sein de leur famille et s'y renfermer volontairement. »

Pour me résumer, en un mot, il avait l'amour de la solitude et du silence et recherchait l'obscurité comme d'autres cherchent le bruit et la représentation.

Une seule fois pourtant dans sa vie, il fit volontairement exception à ces principes dont il ne se départait obstinément jamais, en faveur de la *Société protestante de prévoyance et de secours mutuels de Paris,* parce qu'il s'agissait d'une œuvre de charité et de confraternité religieuse. Il était membre du conseil d'administration ; c'est le seul genre de fonction extérieure qu'il ait voulu accepter.

Cette société, dont il est équitable que je dise deux mots, a été fondée en 1825. C'est la plus ancienne et celle qui a servi de type à toutes celles du même genre qui ont tant contribué à répandre ces saines notions : la vertu bienfaisante du travail, la nécessité de l'épargne, la puissance de l'association, l'efficacité de l'assurance mutuelle. Ce sont là des principes supérieurs de civilisation et de progrès dont chacun est une force, et c'est l'honneur de cette société de les avoir affirmés, groupés et appliqués à une époque où une semblable tentative était nouvelle en France.

De nos jours, ces idées ont fait leur chemin. Dans les centres de population, dans les administrations importantes, dans la grande industrie, dans les corporations ouvrières, partout où des intérêts collectifs et la vie en commun rapprochent les individus, des sociétés de secours mutuels se sont formées, et c'est par milliers que l'on compte aujourd'hui ces utiles institutions.

En 1878, M. Sandoz reçut du ministre de l'intérieur une médaille d'argent en considération de ses quarante années de services, dont trente et une comme membre du conseil. Jamais récompense ne fut mieux méritée et mieux accueillie par la société dont il avait été un des agents les plus actifs et les plus dévoués.

Je ne puis mieux faire, du reste,

que de transcrire ici les termes mêmes du rapporteur :.

« C'est surtout parmi les personnes qui ont connu la peine et le travail, et qui sont arrivées par ce fait à une certaine position de fortune, aidées de principes d'ordre et d'économie, que nous trouvons nos bienfaiteurs. Membres participants, sous-chefs, membres du conseil d'administration, nous avons tous pu apprécier les qualités de notre vénérable collègue et ami, M. Charles-Auguste Sandoz, que nous avons perdu le 27 octobre dernier, âgé de plus de quatre-vingts ans. Il avait été admis membre participant le 15 décembre 1840 ; il se fit aussitôt remarquer comme un bon sociétaire, s'occupant sans cesse dans l'intérêt de sa Société ; aussi, dès le mois de mars 1840, eut-il l'honneur d'être nommé sous-chef, et enfin, en 1849, assesseur du comité. Il y avait donc près de quarante ans qu'il était avec nous, lorsque nous l'avons perdu. Sur ses conseils, ses enfants et ses petits-enfants font tous partie de la Société. La propagande dans la famille même, n'est-ce pas la meilleure ? C'est un bon exemple ; à tous ses coreligionnaires il avait le droit de dire : faites ce que je fais. A tant de dévouement pour la Société, votre conseil ne pouvait rester indifférent; aussi fut-il proposé au gouvernement pour la récompense que l'on donne pour services rendus aux sociétés de secours mutuels; le gouvernement, en 1878, lui accorda une médaille d'argent; il pouvait être fier de cette récompense, car il l'avait bien méritée. Quand nous avons commencé à vous parler de M. Sandoz, nous voulions vous entretenir de sa générosité envers notre Société, il figurait sur la liste de nos membres honoraires depuis 1876, et il avait abandonné la pension à laquelle il avait droit, afin que cette somme servît à venir en aide aux sociétaires gênés momentanément pour le payement de leurs cotisations. Les deux fils de M. Sandoz sont membres honoraires de notre Société ; l'an dernier, vous avez élu M. Gustave Sandoz membre de votre conseil d'administration ; il continue la tradition de son père ; son nom est déjà attaché à beaucoup d'œuvres qui s'intéressent à l'amélioration des classes laborieuses. »

Cet éloge me met à l'aise et appuie la note dans laquelle je veux terminer et conclure.

M. Sandoz avait toujours joui d'une santé parfaite, et, malgré une vie si active, si laborieuse et si pleine, il était arrivé à un âge avancé sans éprouver aucune des infirmités de la vieillesse. Parfois, une indisposition paraissait avoir prise sur cette solide nature; mais il reprenait vite le dessus, et on était étonné de tout ce qu'il conservait de ressort et d'énergie. Il semblait, d'ailleurs, que rien en lui ne s'usait : on eût dit que, chez lui, le corps était, en quelque sorte, privilégié comme l'esprit et le cœur, tant ses facultés demeuraient toutes intactes, sans rien perdre de leur sève et de leur vigueur.

C'est vers le mois de janvier 1879 qu'il ressentit les premières atteintes du mal qui devait l'enlever, — une bronchite catarrhale.

D'après le culte pieux, dont il avait toujours été l'objet, on peut deviner quelle fut l'attitude de ses enfants, à partir de cet instant : leur sollicitude n'eut point de borne, leur activité fut infatigable ; ils redoublèrent de zèle et de dévouement, c'est-à-dire qu'ils furent admirables.

Les devoirs respectifs de leur position les forçaient bien inévitablement à s'éloigner de lui ; mais ils savaient trouver le secret de ne point le laisser isolé. Ils s'arrangeaient, ils venaient, l'un après l'autre, faire faction et ils se relevaient, comme des sentinelles vigilantes, au poste de la piété filiale.

La plus grande partie de la tâche incombait naturellement à Mme Sandoz, âme tendre, angélique, qui, par sa présence, abrégeait pour lui les heures de souffrance, et, de l'aveu même du médecin, prolongeait sa vie.

Jamais fille n'eut plus d'égards, d'attentions et de prévenances. C'était, sans contredit, quelque chose de touchant, que de voir ce constant empressement, exempt de toute affectation, uniquement inspiré par un sentiment tout filial. Je n'ai rien à apprendre, du reste, de la distinction de son esprit, de l'élévation de son caractère et de la parfaite bonté de son cœur.

Rarement, je le concède, vieillard ne fut aussi facile à soigner.

L'homme patient ne s'était jamais démenti en lui, quelles que fussent les circonstances et les épreuves : ce qu'il avait été toute sa vie, il le fut jusqu'à la fin. La souffrance physique n'altérait en rien un caractère qui n'avait jamais été plus égal. On le vit constamment le même dans tous ses procédés, dans toutes ses manières. Il ne témoignait nulle humeur, était toujours reconnaissant des soins dont il était l'objet, content des moindres services qu'on lui rendait et n'avait aucune de ces exigences excusables qui sont parfois si fatigantes. Les marques d'intérêt et d'amitié qui lui étaient prodiguées le touchaient singulièrement; on ne le quittait qu'enchanté et attendri de l'accueil toujours si bon, toujours si affable qu'on avait trouvé.

La vue de la prospérité de son fils et successeur remplissait son âme d'une joie intime et d'une sérénité que l'affaiblissement du corps ne put altérer un instant. Jusqu'au dernier moment, de sa voix défaillante, il s'informait lui-même de la marche de ses opérations et du succès de ses travaux, et, en même temps, il entrecoupait ses questions de ses bénédictions et de ses vœux. Plusieurs fois, il m'a été donné d'être témoin de ces expansions réciproques, pénétrées de cet amour fort et élevé dont les aspirations vont au delà de la tombe : j'en garde une impression ineffaçable.

Ce fut le 27 octobre 1880, à midi, que le vaillant octogénaire s'éteignit doucement, entouré de tous ses enfants. Au moment où je me présentai pour m'enquérir de son état, le sacrifice de la vie humaine était consommé, l'âme s'envolait pour recevoir la palme chrétienne de l'immortalité. Je tins à le voir une dernière fois : sa figure douce et calme portait non l'empreinte de la mort, mais l'aspect du sommeil éternel.

La nouvelle de son décès répandit

moins la consternation qu'un élan de sympathie générale pour la famille; elle ne pouvait, en effet, être une surprise, elle était prévue : le malade s'était affaibli lentement et graduellement sous le poids des ans. Le nombre de visites et surtout de lettres, de cartes et de télégrammes de condoléance fut incalculable.

Le jour des obsèques (29 octobre), quantité d'amis apportaient eux-mêmes des bouquets de fleurs ou des couronnes sur son cercueil.

La cérémonie de famille, si touchante dans le culte protestant, étant terminée, on procéda à la levée du corps et aux funérailles.

J'ai rarement vu convoi entouré de regrets respectueux plus empressés et plus spontanés. Une affluence considérable suivait le char, à travers la foule compacte et recueillie du quartier, couvrant les trottoirs, depuis le nº 11 de la rue de Valois jusqu'à l'Oratoire du Louvre. L'immense temple de l'Oratoire ne put contenir tous les assistants ; beaucoup, parmi lesquels même des notabilités, furent obligés de rester dehors et stationnèrent résolument à la porte : les abords étaient encombrés et l'on se portait sur les marches du grand perron.

Le service, entouré d'une grande solennité, empruntait à la disposition même du local un caractère imposant. Le pasteur officiant, M. Couve, avait pris pour texte d'oraison funèbre ces paroles de la Bible : « Il est mort dans une belle vieillesse, plein de jours[1] »; qu'il développa avec un choix heureux

1. *Genèse*, XXV, 8.

d'à-propos et d'expressions qui émurent tous les auditeurs.

Là étaient des hommes de tous les rangs, de toutes les classes, confondus dans un même sentiment : l'hommage rendu à la valeur personnelle, à la vertu sans faste, au travail obstiné, au caractère loyal et pur qui n'avait jamais failli.

Une carrière si longue, si parfaitement remplie, un témoignage public aussi unanime d'estime et de considération, assurent à la mémoire de M. Charles-Auguste Sandoz un souvenir durable.

Il se dégage de cette vie une haute leçon de moralité.

Il y a un grand exemple à suivre, un précieux enseignement que doivent recueillir tous ceux qui s'attachent au devoir pour le devoir et s'honorent par la modestie de leurs talents, la constance de leur désintéressement et la simplicité de leur existence.

Puissent ces quelques pages, quoique bien incomplètes, consoler le cœur de ceux qui furent unis au vénéré M. Sandoz par les liens du sang ou ceux de l'amitié; puissent-elles contribuer à affirmer cette vérité sainement démocratique, d'ailleurs conforme à l'essence même du christianisme, que le mérite est indépendant de l'éclat des œuvres et consiste avant tout à remplir éminemment les obligations de l'état qu'on a choisi, à le bien savoir, à le bien faire et à n'employer, dans ce but, que des moyens louables et légitimes; que toute vie sort des sentiers ordinaires et pénètre dans une région réservée à l'admiration, dont le bien est devenu l'attrait habituel et permanent, la règle immuable et inflexible de toutes les actions, — car, comme l'a si bien dit Massillon : « C'est le hasard qui fait les héros, c'est une valeur de tous les jours qui fait les justes. »

E. C.

www.ingramcontent.com/pod-product-compliance
Ingram Content Group UK Ltd.
Pitfield, Milton Keynes, MK11 3LW, UK
UKHW020337180726
13839UKWH00002B/757

9 782329 276977